Demi Lovato

O diário de Demi Lovato
Staying Strong

Um livro complementar para
Demi Lovato: 365 dias do ano

Tradução
Patrícia Azeredo

BestSeller

Rio de Janeiro | 2014

CIP-BRASIL. CATALOGAÇÃO NA PUBLICAÇÃO
SINDICATO NACIONAL DOS EDITORES DE LIVROS, RJ

L946d

Lovato, Demi, 1992-

O diário de Demi Lovato — Staying Strong: um livro complementar para Demi Lovato : 365 dias do ano / Demi Lovato ; tradução Patrícia Azeredo. - 1. ed. - Rio de Janeiro : BestSeller, 2014.
  il.

Tradução de: Staying strong journal
ISBN 978-85-7684-888-2

1. Lovato, Demi, 1992-. 2. Autoestima. 3. Técnicas de autoajuda. I. Título.

14-15562

CDD: 158.1
CDU: 159.947

Texto revisado segundo o novo Acordo Ortográfico da Língua Portuguesa.

Título original
STAYING STRONG: A JOURNAL
Copyright © 2014 by Demi Lovato
Copyright da tradução © 2014 by Editora BestSeller Ltda.

Published by arrangement with Feiwel & Friends. All rights reserved.

Adaptação de capa e editoração eletrônica por Renata Vidal

Este livro foi composto nas tipologias MrsEaves e Rage,
e impresso em papel offset 90g/m², na Prol.

Todos os direitos reservados. Proibida a reprodução, no todo ou em parte,
sem autorização prévia por escrito da editora, sejam quais forem os meios empregados.

Direitos exclusivos de publicação em língua portuguesa para o Brasil adquiridos pela
EDITORA BEST SELLER LTDA.
Rua Argentina, 171, parte, São Cristóvão
Rio de Janeiro, RJ 20921-380
que se reserva a propriedade literária desta tradução

Impresso no Brasil

ISBN 978-85-7684-888-2

Seja um leitor preferencial Record.
Cadastre-se e receba informações sobre
nossos lançamentos e nossas promoções.
Atendimento e venda direta ao leitor
mdireto@record.com.br ou (21) 2585-2002

Uma das coisas mais fundamentais que aprendi na minha jornada foi a importância de canalizar as emoções e me expressar, algo que cada um de nós faz de maneira diferente. Eu gosto de ler citações, definir objetivos para cada dia e de escrever diários.

Escrever um diário é uma experiência purificadora — uma experiência que ganha forma de várias maneiras. Seja criando poemas, letras de música, desenhando, rabiscando ou apenas copiando frases de que gosto, esta forma de expressão individual ajuda a liberar a dor, o medo ou qualquer outra emoção, na verdade. Lança uma luz sobre a nossa felicidade e as graças recebidas, além de clarear a mente.

Espero que você transforme este diário no que desejar. Você é mais determinado e cheio de imaginação do que pensa. Agora é a sua vez de criar um livro, exatamente como eu fiz. Pegue tudo o que está na sua cabeça e no seu coração e transforme em algo lindo.

Seja forte,

Demi

Não há nada de nobre em ser superior ao próximo. A verdadeira nobreza está em ser superior a quem você era antes.

— ERNEST HEMINGWAY

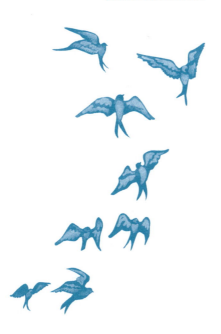

Deixe-se levar ou seja arrastado.

— PROVÉRBIO ZEN

A única vez em que você deve olhar para o
prato do vizinho é para garantir que ele tenha
o bastante. Não se olha o prato do vizinho para
ver se você tem tanto quanto ele.

— LOUIS C.K.

Deixe que tudo lhe aconteça.
A beleza e o terror. Apenas siga em frente.
Nenhum sentimento é definitivo.
— RAINER MARIA RILKE

Escreva com afinco e clareza sobre o que dói.

— ERNEST HEMINGWAY

> A vida tem muitas maneiras de testar a vontade de uma pessoa; ou fazendo com que não aconteça nada, ou fazendo com que tudo aconteça ao mesmo tempo.
>
> — PAULO COELHO

Acalme-se, não viva com pressa.
Os problemas vão surgir e vão passar.

— LYNYRD SKYNYRD, "SIMPLE MAN"

Se você não gosta de onde está, mexa-se.
Você não é uma árvore.

— DESCONHECIDO

Viver é uma forma de não ter certeza, de não saber o que vai acontecer ou como. (…) Nós tentamos adivinhar. Podemos errar, mas damos um passo atrás do outro no escuro.

— AGNES DE MILLE

Acreditar que você consegue já é meio caminho andado.

— THEODORE ROOSEVELT

> Você está confinado apenas pelas
> paredes que construiu.
>
> — ANDREW MURPHY

Tenho certeza de que nos transformamos
naquilo em que insistimos ser.

— OPRAH WINFREY

Ame primeiro a si mesmo
e todo o resto entra nos eixos.

— LUCILLE BALL

Não seja empurrado pelos problemas.
Seja conduzido pelos sonhos.

— RALPH WALDO EMERSON

A vida é uma coisa bela, magnífica,
até mesmo para uma água-viva.

— CHARLIE CHAPLIN

Não desista. Geralmente é a última chave
do chaveiro que abre a porta.
— PAULO COELHO

Mude os seus pensamentos e você mudará o mundo.

— NORMAN VINCENT PEALE

Faça o melhor que puder até saber mais. Então, quando souber mais, faça ainda melhor.

— MAYA ANGELOU

Seja você, bravamente.

— DESCONHECIDO

Seja tolo. Seja honesto. Seja bom.

— RALPH WALDO EMERSON

A honestidade nunca destrói.

— KATE HUDSON

Depois de cada noite escura
há um dia radiante.

— TUPAC SHAKUR, "ME AGAINST THE WORLD"

Continue a dividir o seu coração com as pessoas,
mesmo se ele estiver partido.

— AMY POEHLER

Ninguém pode voltar no tempo e criar um novo começo, mas todos podem começar agora e criar um novo final.

— MARIA ROBINSON

Levante as suas palavras, não a sua voz.
É a chuva que faz crescer as flores, não o trovão.

— RUMI

Não espere nada. Aprecie tudo.

— DESCONHECIDO

Siga o seu coração,
mas leve o cérebro junto.

— ALFRED ADLER

Duas coisas definem quem você é: a sua paciência quando você não tem nada e a sua atitude quando você tem tudo.

— DESCONHECIDO

> Nunca desista de um sonho só por causa do tempo necessário para realizá-lo. O tempo vai passar de qualquer jeito.
>
> — EARL NIGHTINGALE

Perdoar é abandonar a esperança de que o passado poderia ter sido diferente.

— OPRAH WINFREY

Quando as coisas saírem erradas, não as acompanhe.

— ELVIS PRESLEY

Nunca se esqueça de dormir com um sonho
e acordar com um objetivo.

— DESCONHECIDO

Do outro lado do medo está a liberdade.

— DESCONHECIDO

Você é maior que os erros que cometeu.

— DESCONHECIDO

Viva a sua vida, viva a sua vida,
viva a sua vida.

— MAURICE SENDAK